Impressum
Verlag: BABADADA GmbH, Nedderfeld 112 , 22529 Hamburg
Geschäftsführer / Verlagsleitung: Harald Hof
Druck: Books on Demand GmbH, In de Tarpen 42, 22848 Norderstedt

Imprint
Publisher: BABADADA GmbH, Nedderfeld 112 , 22529 Hamburg, Germany
Managing Director / Publishing direction: Harald Hof
Print: Books on Demand GmbH, In de Tarpen 42, 22848 Norderstedt

escola
de School

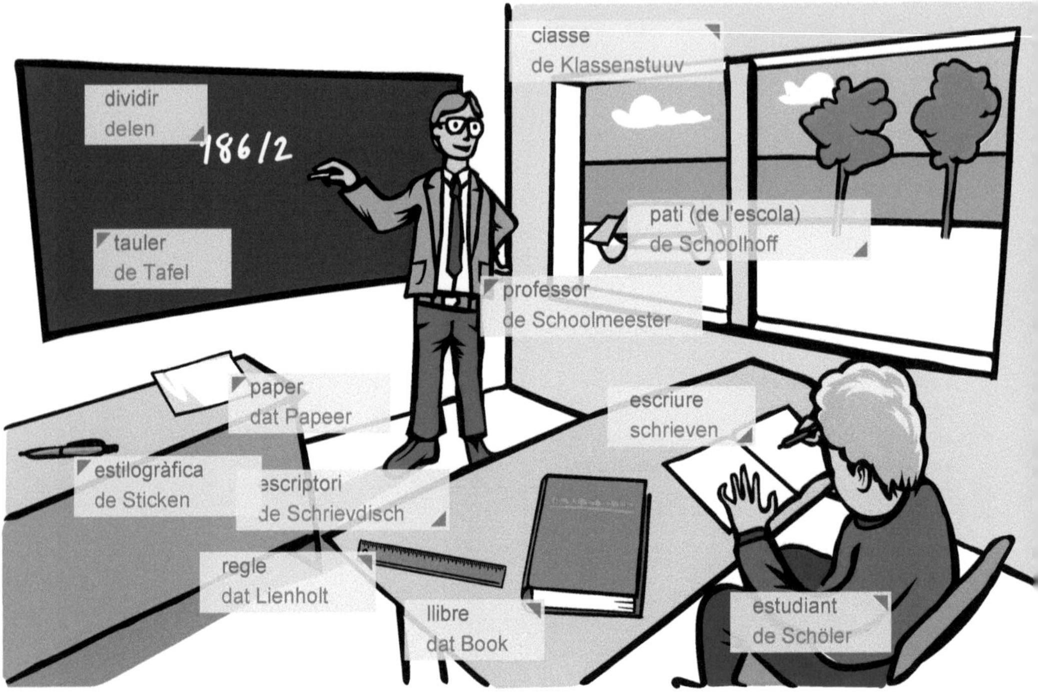
classe
de Klassenstuuv
dividir
delen
186/2
tauler
de Tafel
pati (de l'escola)
de Schoolhoff
professor
de Schoolmeester
paper
dat Papeer
escriure
schrieven
estilogràfica
de Sticken
escriptori
de Schrievdisch
regle
dat Lienholt
llibre
dat Book
estudiant
de Schöler

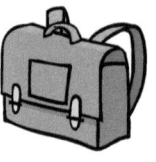

bossa

de Ranzel

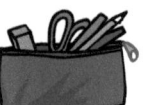

estoig

de Feddermapp

llapis

de Bleesticken

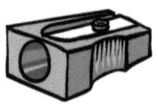

maquineta de fer punta

de Scharpmaker

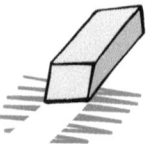

goma

dat Radeergummi

bloc de dibuix

de Tekenblock

dibuix

de Teken

pinzell

de Pinsel

capsa de pintures

de Malkassen

tisores

de Scheer

cola

de Klever

quadern d'exercicis

dat Heft to'n Öven

deures

de Huusopgaav

12

nombre

de Tall

2+2

afegir

tohooptellen

5-2

sostreure

aftrecken

2×2

multiplicar

malnehmen

calcular

reken

A

lletra

de Bookstaav

ABCDEFG
HIJKLMN
OPQRSTU
VWXYZ

alfabet

dat ABC

hello

mot

dat Woort

text

de Text

llegir

lesen

guix

de Kried

lliçó

de Stunn

llibre de classe

dat Klassenbook

examen

de Pröven

certificat

dat Tüügnis

uniforme escolar

de Schooluniform

formació

de Utbillen

enciclopèdia

dat Nakieksel

universitat

de Universität

microscopi

dat Mikroskop

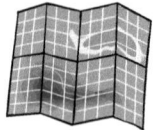

mapa

de Koort

paperera

de Papeerkorf

escola - de School

viatge
de Törn

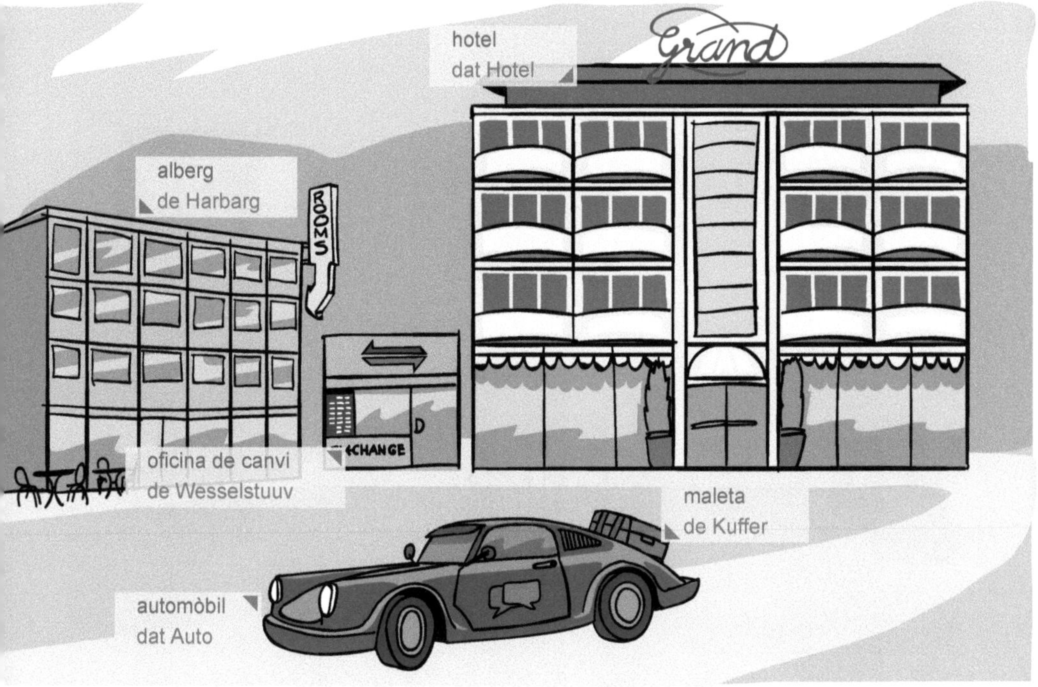
hotel
dat Hotel
Grand
alberg
de Harbarg
ROOMS
oficina de canvi
de Wesselstuuv
EXCHANGE
maleta
de Kuffer
automòbil
dat Auto

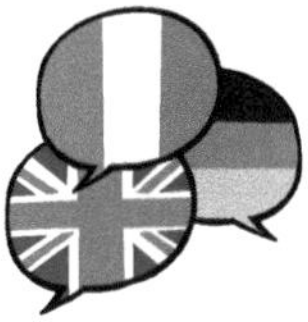

llengua

de Spraak

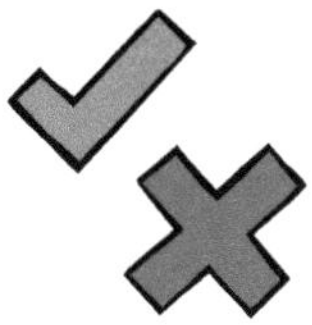

sí / no

jo / ne

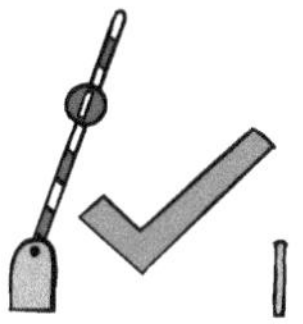

D'acord

Jo

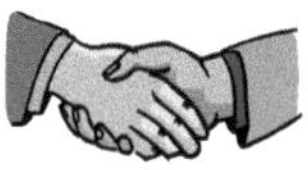

Ey!

Moin

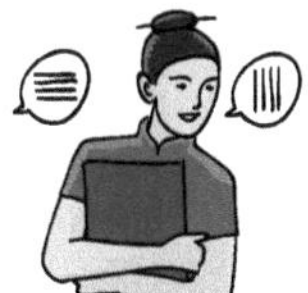

traductora

de Översetter

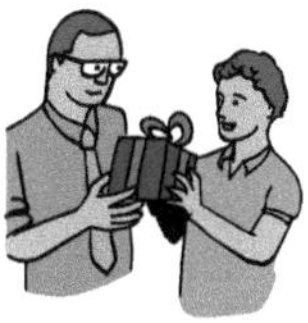

gràcies

Dank ok

Quant costa... ?

Wat kost...?

No entenc

Ik verstah nich

problema

dat Problem

Bona nit!

Goden Avend

bon dia!

Moin!

bona nit!

Gode Nacht!

fins aviat

Tschüüs

direcció

de Richt

bagatge

de Bagaasch

bossa

de Tasch

sarrona

de Rüchsack

convidat

de Gast

cambra

de Stuuv

sac de dormir

de Slaapsack

tenda

dat Telt

oficina de turisme

de Touristeninformatschoon

platja

de Strand

carta de crèdit

de Kreditkoort

esmorzar

dat Fröhstück

dinar

dat Meddageten

sopar

dat Avendeten

bitllet

de Fohrkort

ascensor

de Fohrstohl

segell

de Breefmark

frontera

de Grenz

duana

de Toll

ambaixada

de Bottschop

visat

dat Visum

passaport

de Pass

transport
de Transport

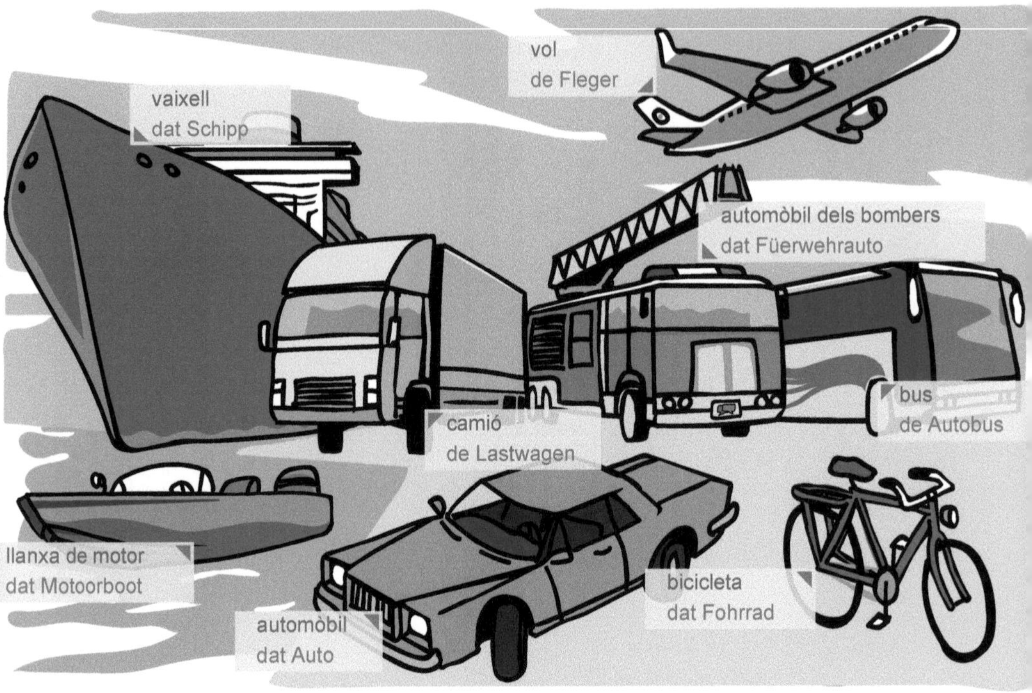
vol
de Fleger
vaixell
dat Schipp
automòbil dels bombers
dat Füerwehrauto
bus
de Autobus
camió
de Lastwagen
llanxa de motor
dat Motoorboot
bicicleta
dat Fohrrad
automòbil
dat Auto

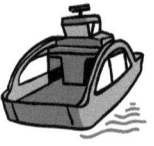

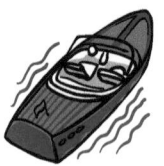

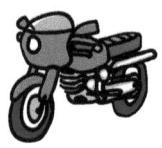

transbordador
de Fähr

barca
dat Boot

moto
dat Motoorrad

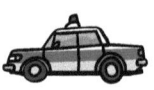

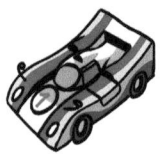

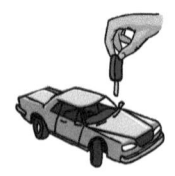

automòbil de policia
dat Polizeiauto

automòbil de curses
dat Rönnauto

automòbil de lloguer
de Lehnwagen

vehicle compartit

dat Carsharing

grua

de Afsleepwagen

camió de les escombraries

dat Müllauto

motor

de Motoor

benzina

de Kraftstoff

benzineria

de Tanksteed

senyal de trànsit

dat Verkehrsschild

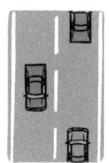

trànsit

de Verkehr

embús

de Stau

aparcament

de Afstellplatz

estació de trens

de Bahnhoff

vies

de Sporen

tren

de Tog

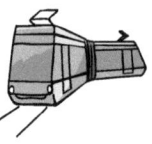

tramvia

de Stratenbahn

vagó

de Wagon

helicòpter

de Dwarsmöhl

aeroport

de Flooghaven

torre

de Tower

passatger

de Fohrgast

contenidor

de Grootkist

capsa de cartó

de Karton

carretó

de Koor

cistella

de Korf

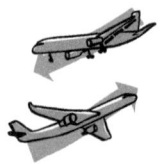

enlairar-se / aterrar

starten / lannen

ciutat
de Stadt

poble

dat Dörp

centre de la ciutat

de Binnenstadt

casa

dat Huus

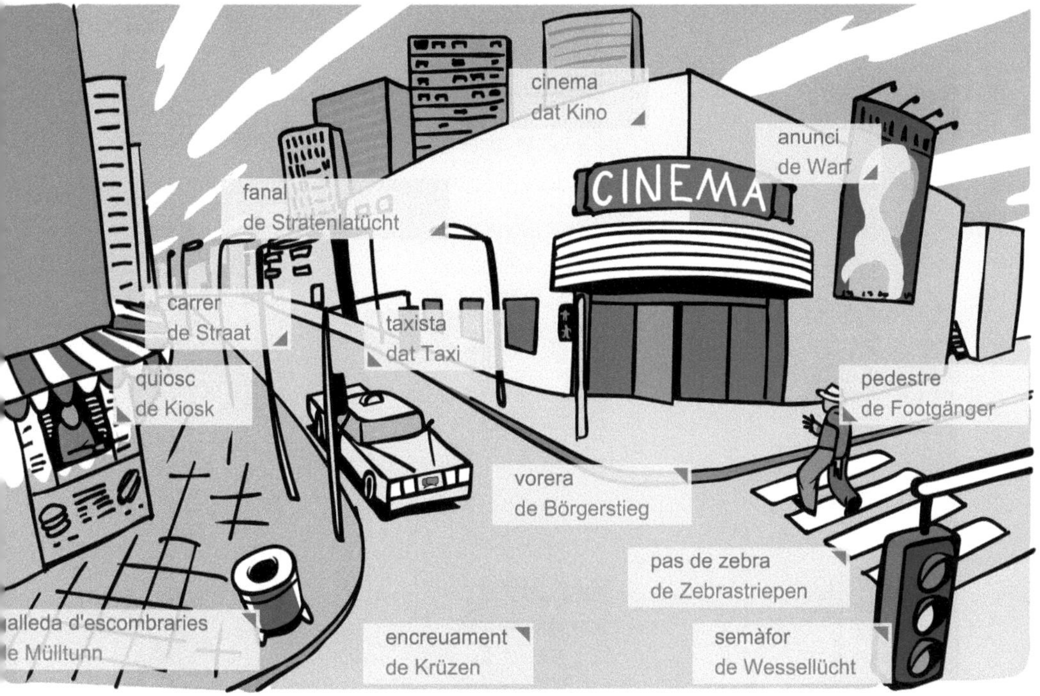

cinema
dat Kino

anunci
de Warf

fanal
de Stratenlatücht

CINEMA

carrer
de Straat

taxista
dat Taxi

quiosc
de Kiosk

pedestre
de Footgänger

vorera
de Börgerstieg

pas de zebra
de Zebrastriepen

alleda d'escombraries
de Mülltunn

encreuament
de Krüzen

semàfor
de Wessellücht

cabana

de Hütt

apartament

de Wahnung

estació de trens

de Bahnhoff

casa de la vila-ciutat

dat Raathuus

museu

dat Museum

escola

de School

universitat

de Universität

banca

de Bank

hospital

dat Krankenhuus

hotel

dat Hotel

farmàcia

de Afteek

oficina

dat Büro

llibreria

de Bookhökerie

botiga

de Hökerie

floristeria

de Blomenhökerie

supermercat

de Supermarkt

mercat

de Markt

gran magatzem

dat Koophuus

peixateria

de Fischhökerie

centre comercial

dat Inkoopszentrum

port

de Haven

parc

de Parkanlaag

banc

de Bank

pont

de Brüch

escala

de Trepp

metro

de Ünnergrundbahn

túnel

de Tunnel

parada d'autobús

de Busstoppsteed

bar

de Bar

restaurant

dat Spieslokal

bústia de correu

de Breefkassen

senyal indicador

dat Stratenschild

parquímetre

de Parkklock

zoo

de Deertenpark

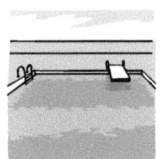

piscina

de Baadanstalt

mesquita

de Moschee

granja
de Buernhoff

pol·lució
de Ümweltversmudden

cementiri
de Karkhoff

església
de Kark

parc infantil
de Speelplatz

temple
de Tempel

paisatge
de Landschop

fulla
dat Blatt

cartell indicador
de Wiespahl

camí
de Weg

prat
de Wisch

pedra
de Steen

arbre
de Boom

excursionista
de Wannerer

riu
de Fluss

gespa
dat Gras

flor
de Bloom

vall
dat Daal

muntanya
de Barg

llac
de See

bosc
dat Holt

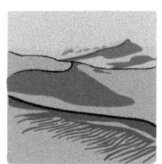

desert
de Wööst

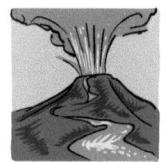

volcà
de Füerspien Barg

castell
dat Slott

arc de Sant Martí
de Regenbagen

bolet
de Poggenstohl

palmera
de Palm

moscard
de Steekmück

mosca
de Fleeg

formiga
de Miegeemk

abella
de Imm

aranya
de Spinn

escarabat

de Sebber

granota

de Pogg

esquirol

de Katteker

eriçó

de Swienegel

llebre

de Haas

òliba

de Uul

ocell

de Vagel

cigne

de Swaan

senglar

dat Wildswien

cervo

de Hirsch

ant

de Elk

presa

de Staudamm

turbina

dat Windrad

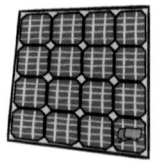

panell solar

dat Solarmodul

clima

dat Klima

restaurant
dat Spieslokal

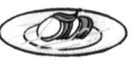

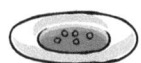

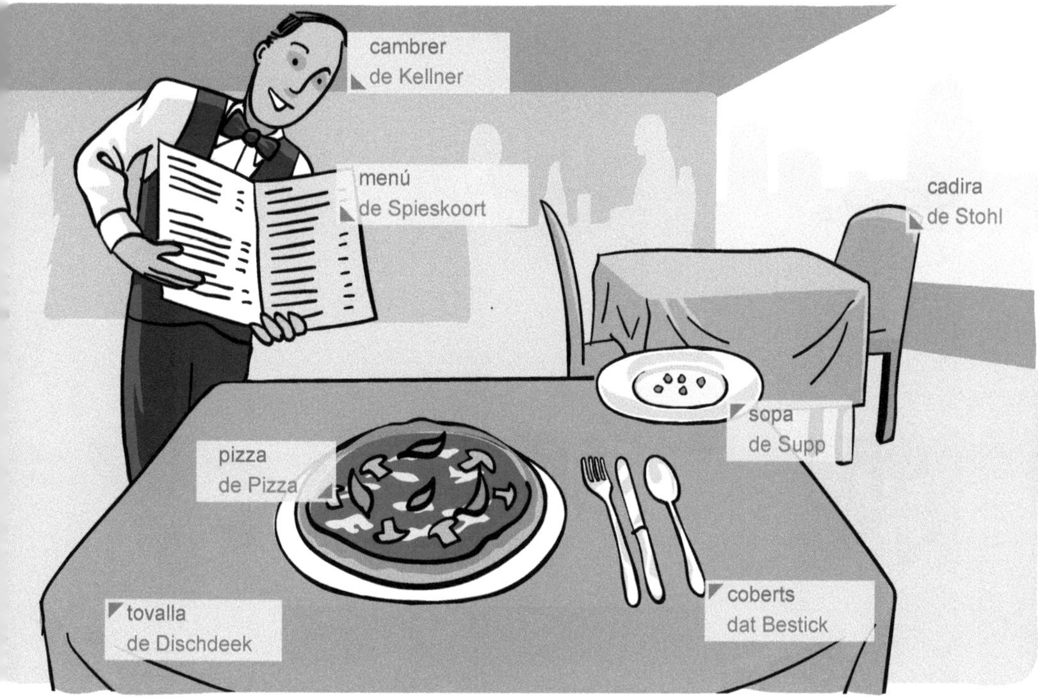
cambrer
de Kellner
menú
de Spieskoort
cadira
de Stohl
sopa
de Supp
pizza
de Pizza
tovalla
de Dischdeek
coberts
dat Bestick

primer plat

de Vörspies

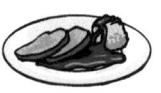

plat principal

dat Haupteten

darreries

de Nadisch

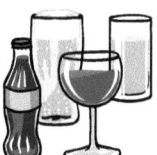

begudes

de Drünk

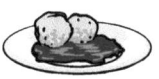

menjar

dat Eten

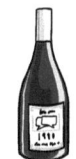

ampolla

de Buddel

menjar ràpid

dat Fastfood

menjar de carrer

dat Strateneten

tetera

de Teekann

sucrer

de Zuckerdoos

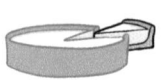

porció

de Portschoon

màquina d'espresso

de Espressomaschien

trona

de Hoochstohl

factura

de Reken

plata

dat Tablett

ganivet

dat Mess

forqueta

de Gavel

cullera

de Lepel

cullereta

de Teelepel

tovalló

dat Munddook

got

dat Glas

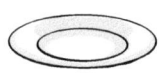

plat
de Töller

plat de sopa
de Suppentöller

plateret
de Ünnertass

salsa
de Sooß

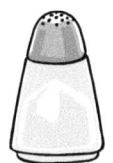

saler
de Soltstreuer

molinet de pebre
de Pepermöhl

vinagre
de Etig

oli
dat Ööl

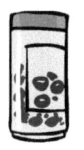

espècies
de Krüder

quètxup
de Ketchup

mostassa
de Mostrich

maionesa
de Mayonnaise

supermercat
de Supermarkt

oferta especial
dat Anbott
FOR
client
de Kunn
productes lactis
de Melkprodukten
fruites
dat Aaft
carret de la compra
de Inkoopswagen

BUTCHERS

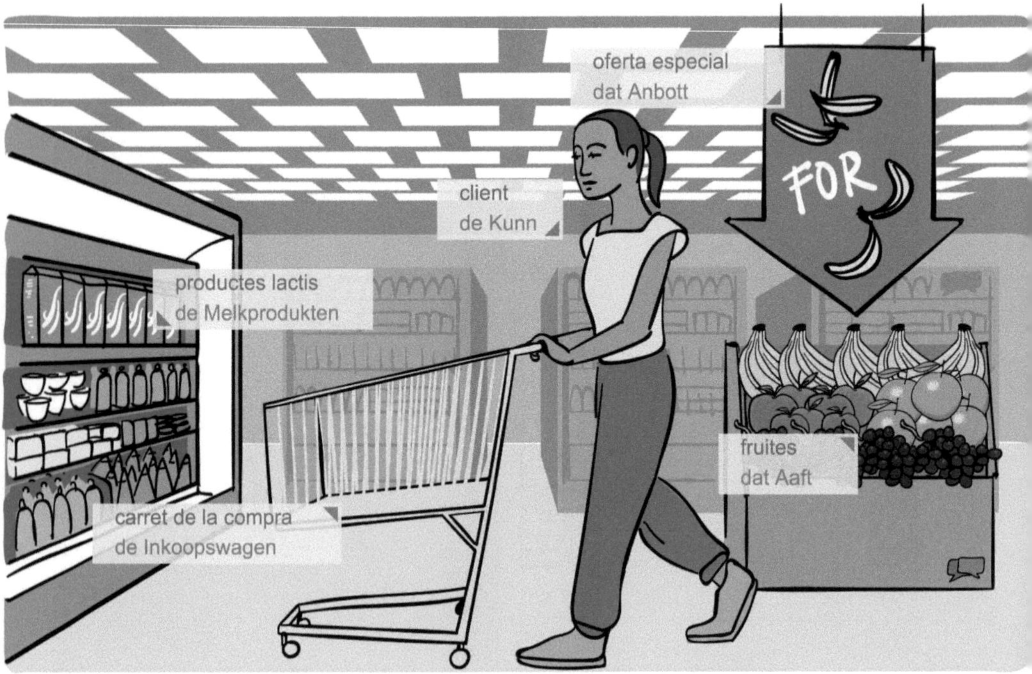

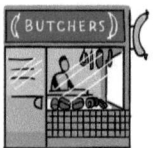

carnisseria
de Slachterie

BAKERY

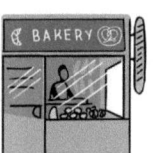

forn de pa
de Bäckerie

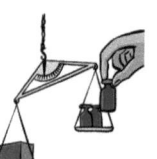

pesar
wegen

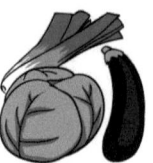

verdures
de Gröönsaken

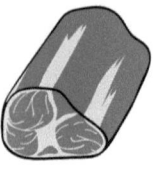

carn
dat Fleesch

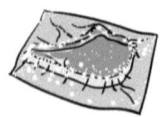

menjar congelat
de Deepköhlkost

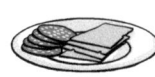

carn freda
de Opsnitt

conserves
de Konserven

detergent en pols
de Waschmiddel

dolços
de Snoopkraam

articles domèstics
de Huushooltssaken

productes de neteja
de Reinmaaktüüch

venedora
de Verköpersche

caixa registradora
de Kass

caixera
de Kasserer

llista de la compra
de Inkoopslist

horari d'obertura
de Opsparrtieden

portamonedes
de Breeftasch

carta de crèdit
de Kreditkoort

bossa
de Tasch

bossa de plàstic
de Plastiktüüt

aigua

dat Water

suc

de Saft

llet

de Melk

coca-cola

de Cola

vi

de Wien

cervesa

dat Beer

alcohol

de Spriet

cacau

de Kakao

te

de Tee

cafè

de Koffie

espresso

de Espresso

cappuccino

de Cappucino

banana

de Banaan

poma

de Appel

taronja

de Appelsien

síndria

de Meloon

llimona

de Zitroon

pastanaga

de Wöttel

all

de Knuuvlook

bambú

de Bambus

ceba

de Zibbel

bolet

de Poggenstohl

avellanes

de Nööt

fideus

de Nudeln

espaguetis

de Spaghetti

arròs

de Ries

amanida

de Salat

patates fregides

de Pommes frites

patates fregides

de Braadkantüffeln

pizza

de Pizza

hamburguesa

de Hamborger

entrepà

dat Sandwich

escalopa

dat Snitzel

cuixot

de Schinken

salami

de Salami

salsitxa

de Wust

pollastre

dat Hohn

rostit

de Braden

peix

de Fisch

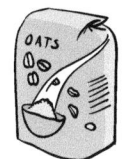

flocs de civada
de Haverflocken

musli
dat Müsli

cereals
de Cornflakes

farina
dat Mehl

croissant
de Croissant

panet
dat Rundstück

pa
dat Broot

torrada
dat Toast

bescuits
de Keksen

mantega
de Botter

mató
de Quark

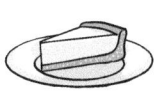

pastís
de Koken

ou
dat Ei

ou fregit
dat Spegelei

formatge
de Kees

gelat

de Ies

sucre

de Zucker

mel

de Honnig

melmelada

de Marmelaad

crema de xocolata

de Nougat-Creme

curri

dat Curry

granja
de Buernhoff

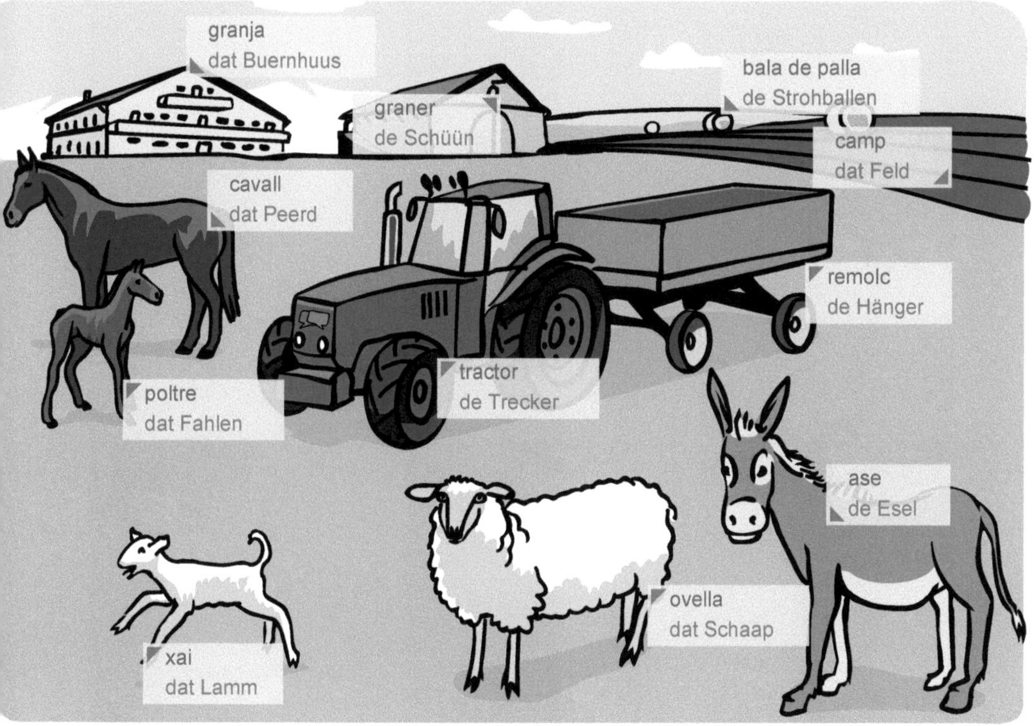

granja
dat Buernhuus
bala de palla
de Strohballen
graner
de Schüün
camp
dat Feld
cavall
dat Peerd
remolc
de Hänger
tractor
de Trecker
poltre
dat Fahlen
ase
de Esel
ovella
dat Schaap
xai
dat Lamm

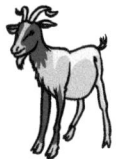

cabra

de Zeeg

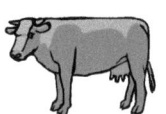

vaca

de Koh

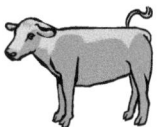

vedella

dat Kalf

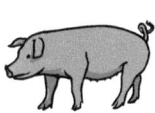

porc

dat Swien

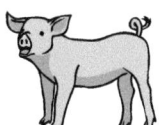

garrí

dat Farken

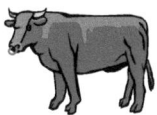

bou

de Bull

oca

de Goos

ànec

de Aant

poll

dat Küken

gall

dat Hohn

gallina

de Hahn

rata

de Rott

gat

de Katt

ratolí

de Muus

bou

de Oss

gos

de Hund

gossera

de Hunnenhütt

mànega de regar

de Goornslauch

regadora

de Geetkann

dalla

de Lee

arada

de Ploog

falç

de Sich

aixada

de Hack

forca

de Mestfork

destral

de Ext

carretó

de Schuufkoor

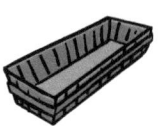

abeurador

de Trog

lletera

de Melkkann

sac

de Sack

tanca

de Tuun

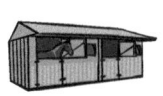

establa

de Stall

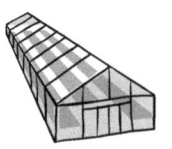

hivernacle

dat Drievhuus

sòl

de Bodden

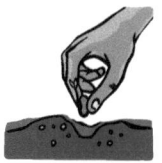

llavor

de Saat

adob

de Dünger

collidora

de Meihdöscher

collir

oornen

collita

de Oorn

nyam

de Yamswöttel

blat

de Weten

soja

dat Soja

patata

de Kantüffel

blat de moro o d'indi

de Törksche Weten

colza

de Rapp

arbre fruiter

de Aaftboom

mandioca

de Troopsch Kantüffel

cereals

dat Koorn

casa
dat Huus

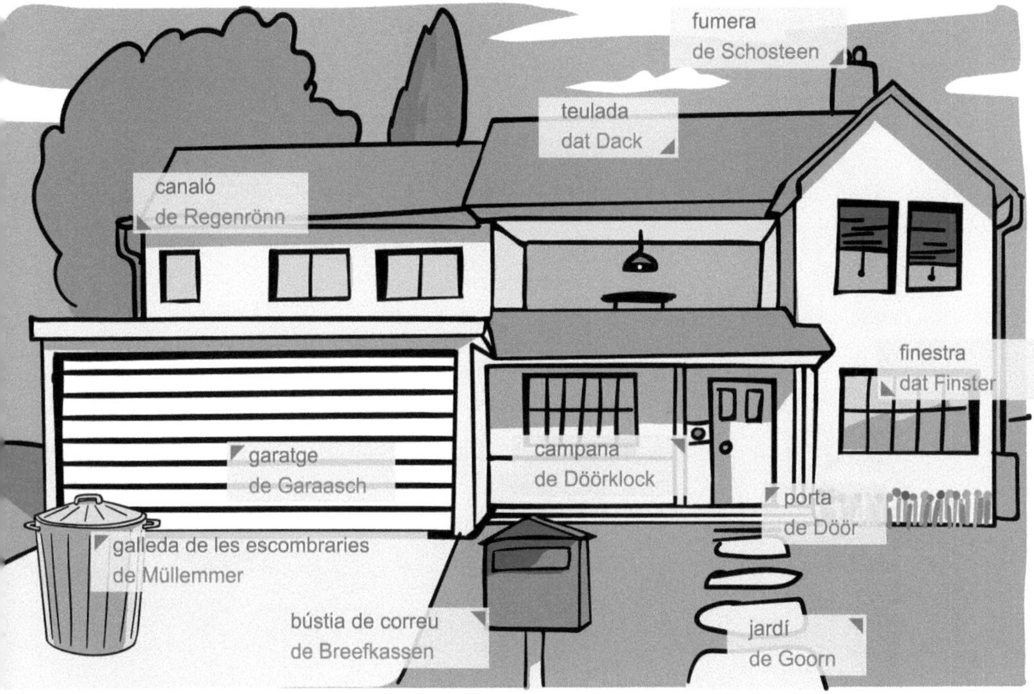
fumera
de Schosteen
teulada
dat Dack
canaló
de Regenrönn
finestra
dat Finster
garatge
de Garaasch
campana
de Döörklock
porta
de Döör
galleda de les escombraries
de Müllemmer
bústia de correu
de Breefkassen
jardí
de Goorn

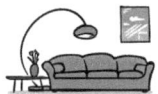

sala d'estar

de Wahnstuuv

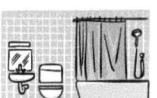

bany

de Baadstuuv

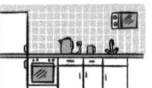

cuina

de Köök

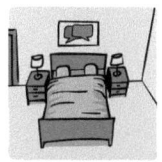

cambra de dormir

de Slaapstuuv

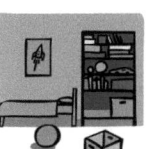

cambra de nen

de Kinnerstuuv

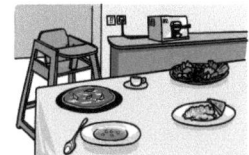

menjador

de Eetstuuv

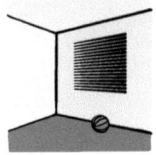

sòl
de Footbodden

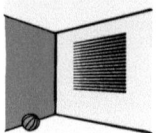

paret
de Wand

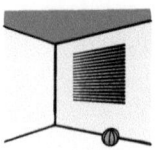

sostre
de Deek

soterrani
de Keller

sauna
dat Hittluftbad

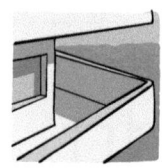

balcó
de Balkon

terrassa
de Terrass

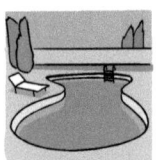

piscina
dat Swümmbad

tallagespa
de Rasenmeiher

vànova
de Bettbetog

cobrellit
de Bettdeek

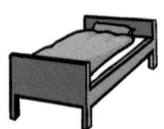

llit
de Puuch

escombra
de Bessen

galleda
de Emmer

interruptor
de Schalter

sala d'estar
de Wahnstuuv

paper de paret
de Tapeet
quadre
dat Bild
làmpada
de Lamp
prestatge
dat Regal
armari
dat Schapp
televisor
de Kiekkassen
escalfapanxes
de Kamin
flor
de Bloom
coixí
dat Küssen
sofà
dat Sofa
gerro
de Vaas
telecomanda
de Feernbedenen

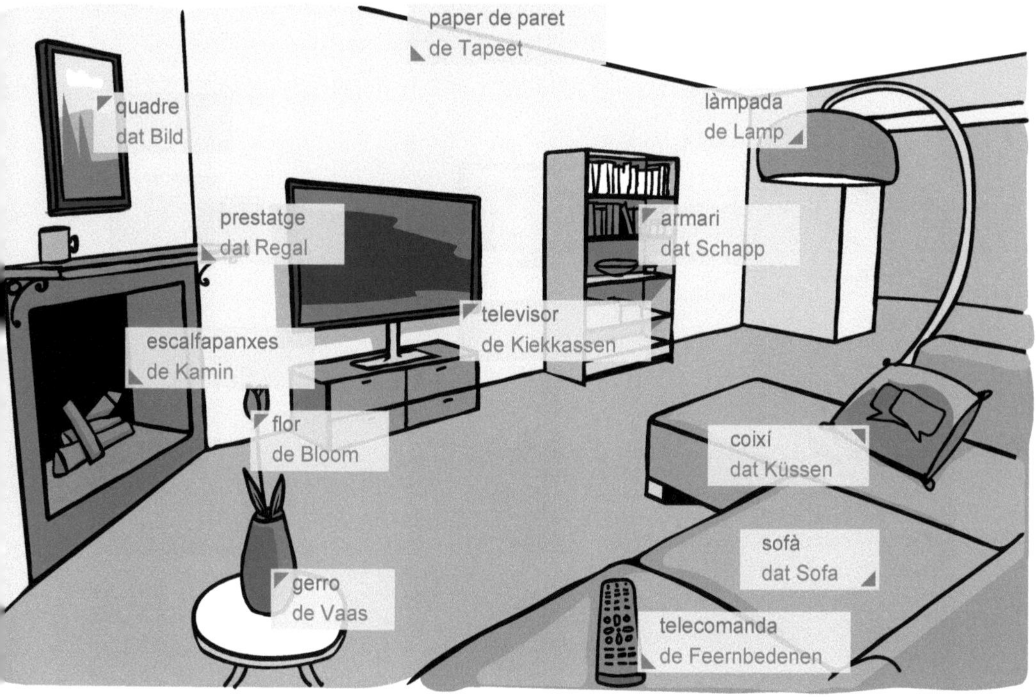

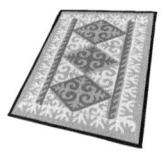

catifa
....
de Teppich

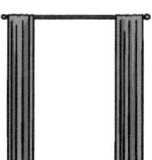

cortina
....
de Vörhang

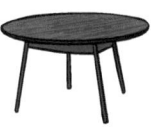

taula
....
de Disch

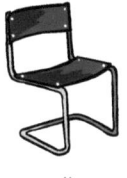

cadira
....
de Stohl

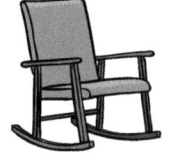

cadira gronxadora
....
de Schuckelstohl

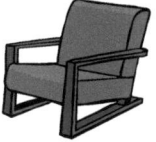

cadiral
....
de Sessel

llibre

dat Book

llençol

de Deek

decoració

de Dekoratschoon

llenya

dat Füerholt

film

de Film

cadena de música

de Stereoanlaag

clau

de Slötel

diari

dat Narichtenblatt

pintura

dat Gemälde

cartell

dat Poster

ràdio

dat Radio

bloc de notes

de Opschrievblock

aspiradora

de Huulbessen

cactus

de Kaktus

candela

de Kars

cuina
de Köök

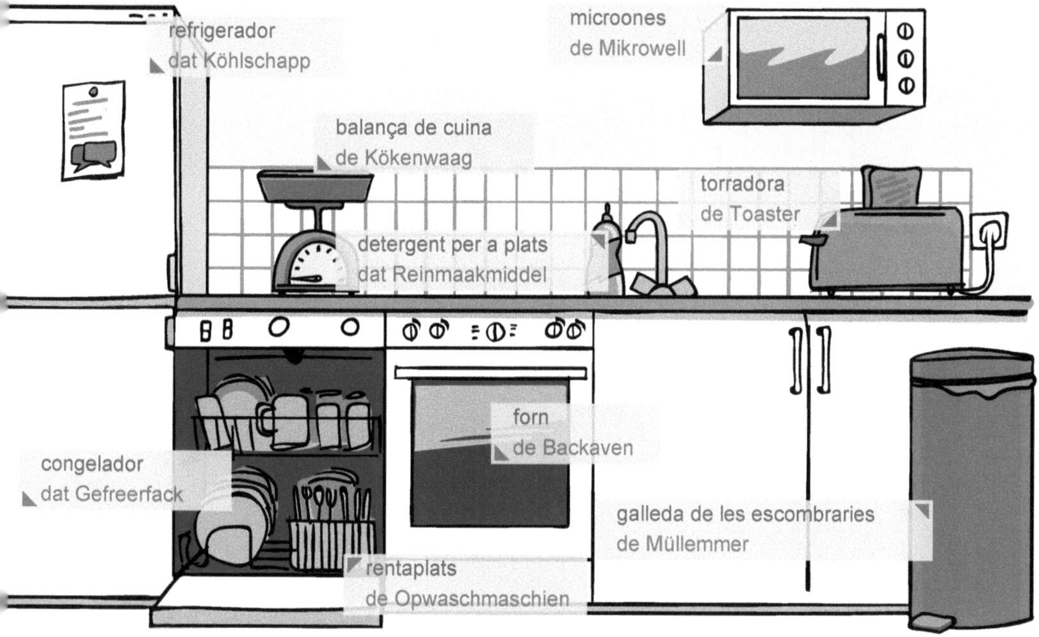
refrigerador
dat Köhlschapp
microones
de Mikrowell
balança de cuina
de Kökenwaag
torradora
de Toaster
detergent per a plats
dat Reinmaakmiddel
forn
de Backaven
congelador
dat Gefreerfack
galleda de les escombraries
de Müllemmer
rentaplats
de Opwaschmaschien

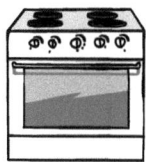

cuina de fogons

de Heerd

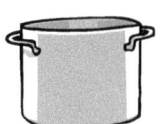

olla

de Pott

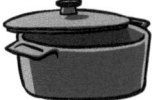

olla de ferro colat

de Gussiesern Putt

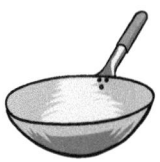

wok / karahi

de Wok / Kadai

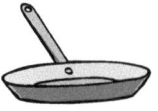

paella

de Pann

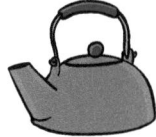

bullidor

de Waterkaker

olla de vapor

de Dampkaakputt

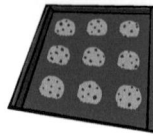

plata de forn

dat Backblick

vaixella

dat Geschirr

tassa grossa

de Beker

bol

de Schaal

bastonets xinesos

de Eetsticken

culler

de Suppenkell

espàtula

de Pannenwenner

batedor

de Sneebessen

colador

dat Kaakseef

sedàs

dat Seef

ratllador

de Riev

morter

de Mörser

barbacoa

de Grill

foc a terra

de Füerstell

cuina - de Köök

taula de tallar

dat Sniedbrett

corró

dat Nudelholt

llevataps

de Proppentrecker

pot de conserva

de Doos

obridor

de Dosenaapner

agafador

de Pottlappen

aigüera

dat Waschbecken

raspall

de Böst

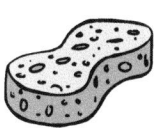

esponja

de Swamm

batedora

de Mixer

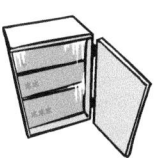

congelador

dat Iesschapp

biberó

de Nuckelbuddel

aixeta

de Waterhahn

bany
de Baadstuuv

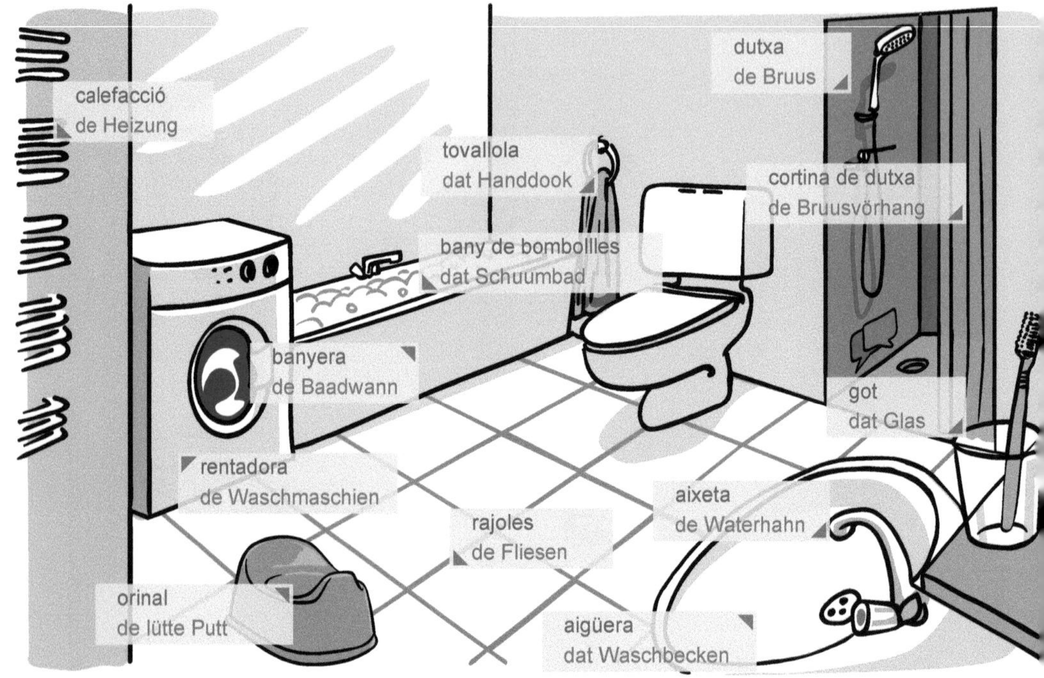

calefacció
de Heizung
dutxa
de Bruus
tovallola
dat Handdook
cortina de dutxa
de Bruusvörhang
bany de bombolles
dat Schuumbad
banyera
de Baadwann
got
dat Glas
rentadora
de Waschmaschien
aixeta
de Waterhahn
rajoles
de Fliesen
orinal
de lütte Putt
aigüera
dat Waschbecken

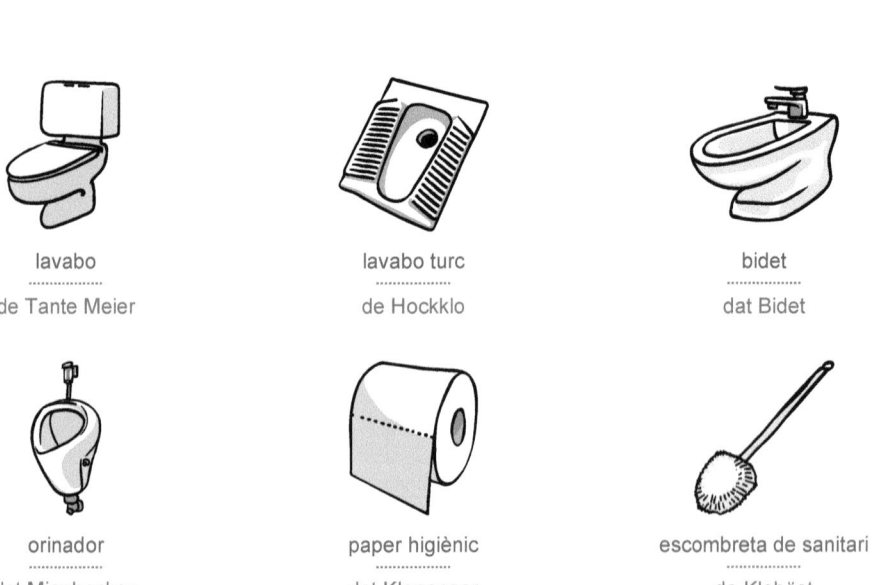

lavabo

de Tante Meier

lavabo turc

de Hockklo

bidet

dat Bidet

orinador

dat Miegbecken

paper higiènic

dat Klopapeer

escombreta de sanitari

de Kloböst

raspall de dents

de Tähnböst

pasta de dents

de Tähnpast

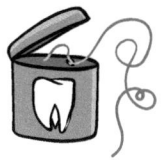

fil dental

de Tähnsied

rentar

waschen

pom de dutxa

de Handbruus

dutxa íntima

de Intimbruus

rentamans

de Waschschöttel

raspall per a l'esquena

de Rüchböst

sabó

de Seep

gel de dutxa

dat Bruusgeel

xampú

dat Hoorwaschmiddel

manyopla de bany

de Waschlappen

bonera

de Afloop

crema

de Creme

desodorant

dat Deodorant

mirall

de Spegel

mirall-espill de mà

de Kosmetikspegel

maquineta de rasar

de Raserer

espuma de barbejar

de Raseerschuum

loció post-rasada

dat Raseerwater

pinta

de Kamm

raspall

de Böst

eixugador

de Hoordröger

laca

dat Hoorspray

maquillatge

de Smink

pintallavis

de Lippensticken

esmalt d'ungles

de Nagellack

cotó

de Watt

tallaungles

de Nagelscheer

perfum

dat Rüükwater

estoig de bellesa

de Kulturbüdel

tamboret

de Schemel

bàscula

de Waag

barnús

de Baadmantel

guants de goma

de Gummihanschen

compresa higiènica

de Tampon

compresa

de Damenbinn

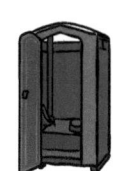

sanitari químic

dat Chemieklo

cambra de nen
de Kinnerstuuv

despertador
de Wecker
animal de peluix
dat Knudeldeert
auto de joguina
dat Speeltüüchauto
sonall
de Klöter
casa de nines
dat Poppenhuus
present
dat Geschenk

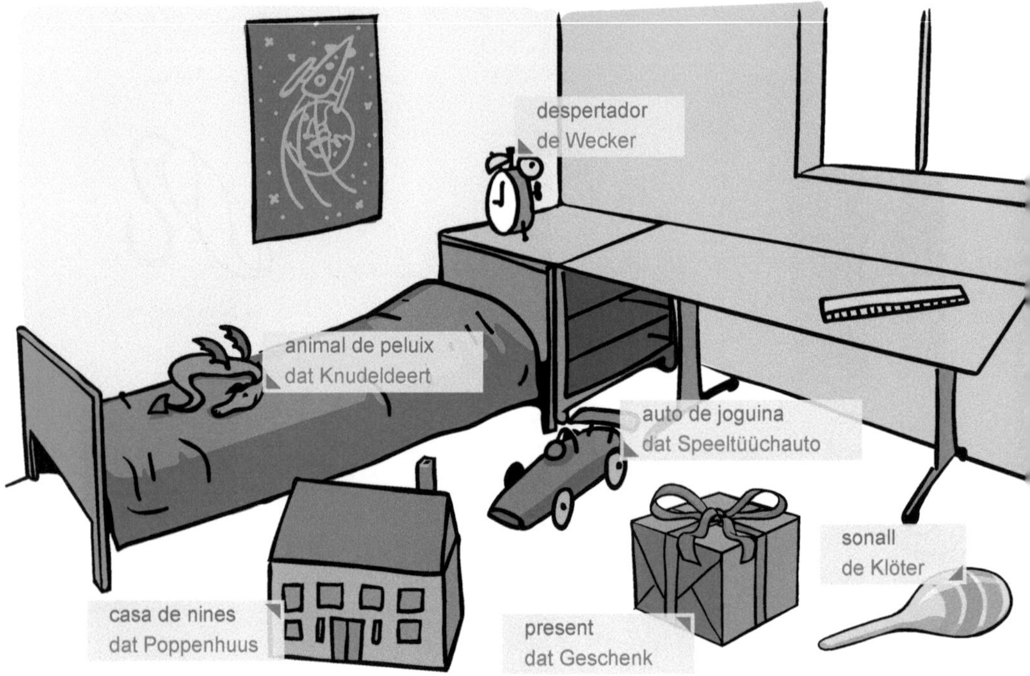

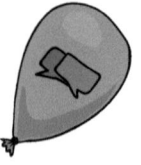

baló
de Luftballon

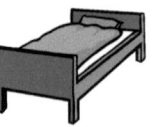

llit
de Puuch

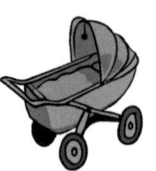

cotxet per a nens
de Kinnerwagen

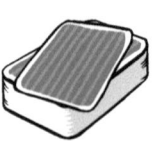

joc de cartes
dat Koortenspeel

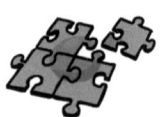

trencaclosca
dat Puzzle

SUPER
MEGA

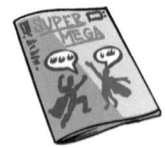

historieta
de Billergeschicht

peces de lego

de Legostenen

peces de construcció

de Bustenen

ninot d'acció

de Action-Figur

granota

de Strampelantog

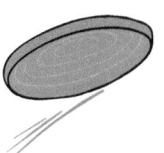

frisbee

de Frisbeeschiev

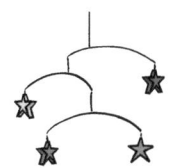

mòbil per a bressol

dat Mobile

joc de taula

dat Brettspeel

daus

de Wörpel

tren elèctric

de Modelliesenbahn

xumet

de Snuller

festa

de Party

llibre de dibuixos

dat Billerbook

pilota

de Ball

nina

de Popp

jugar

spelen

sorrera

de Sandkassen

gronxador

de Schuckel

joguines

dat Speeltüüch

consola de jocs de vídeo

de Speelkonsool

tricicle

dat Dreerad

osset de peluix

de Teddyboor

armari

dat Klederschapp

roba

dat Tüüch

mitjons

de Socken

mitges

de Strümp

mitja pantaló

de Strumpbüx

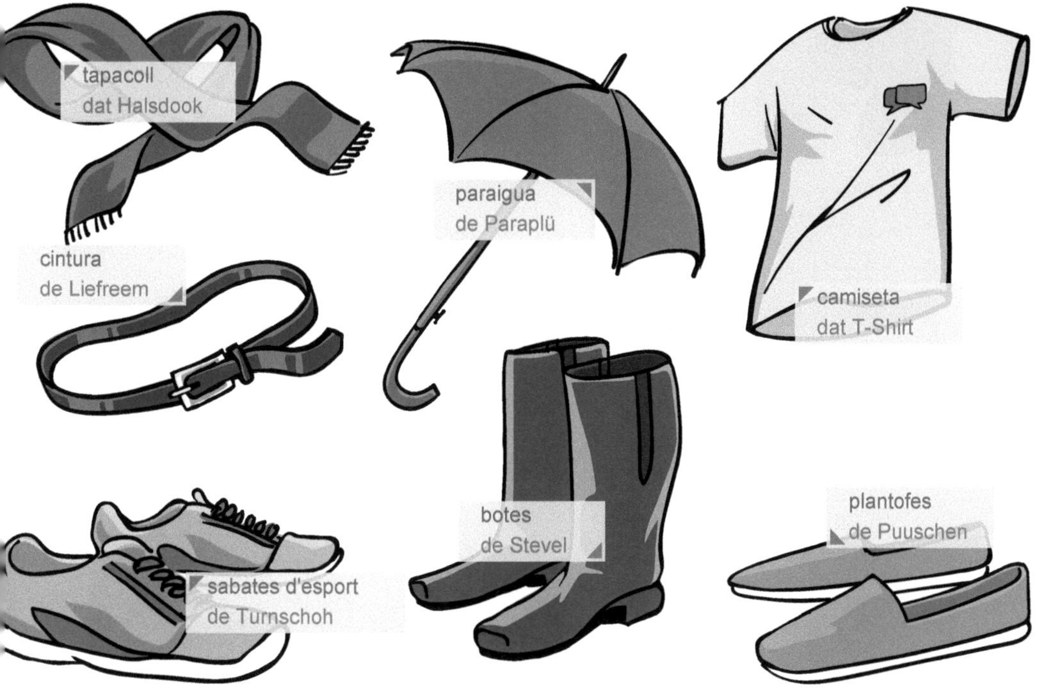

tapacoll
dat Halsdook

cintura
de Liefreem

paraigua
de Paraplü

camiseta
dat T-Shirt

sabates d'esport
de Turnschoh

botes
de Stevel

plantofes
de Puuschen

sandàlies
....
de Sandalen

sabates
....
de Schoh

botes de goma
....
de Gummistevel

calçonets
....
de Ünnerbüx

sostenidor
....
de Bostholler

guardapits
....
dat Ünnerhemd

jjustacòs

de Lief

pantalons

de Büx

jeans

de Jeansnüx

faldeta

de Rock

brusa

de Bluus

camisa

dat Hemd

jersei

de Pullover

dessuadora

de Kapuzenpullover

blazer

de Blazer

jaqueta

de Jack

mantell

de Mantel

impermeable

de Övertrecker

vestit de dona

dat Kostüm

vestit de dona

dat Kleed

vestit de núvia

dat Hochtietskleed

vestit d'home

de Antog

camisa de dormir

dat Nachtkleed

pijama

de Slaapantog

sari

de Sari

mocador de cap

dat Koppdook

turbant

de Turban

burca

de Burka

caftan

de Kaftan

abaia

de Abaya

vestit de bany

de Baadantog

calçon(et)s de bany

de Baadbüx

pantalons curts

de Korte Büx

xandall

de Antog to'n Öven

davantal

de Schört

guants

de Handschoh

botó

de Knopp

ulleres

de Brill

braçalet

dat Armband

collaret

de Halskeed

anell

de Ring

orellera

de Ohrbummel

casquet

de Mütz

penjador

de Klederbögel

capell

de Hoot

corbata

de Binner

cremallera

de Rietslüter

casc

de Helm

elàstics

dat Drachtband

uniforme escolar

de Schooluniform

uniforme

de Uniform

pitet
de Severböten

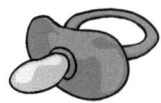

xumet
de Snuller

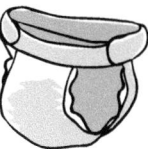

bolquer
de Winnel

oficina
dat Büro

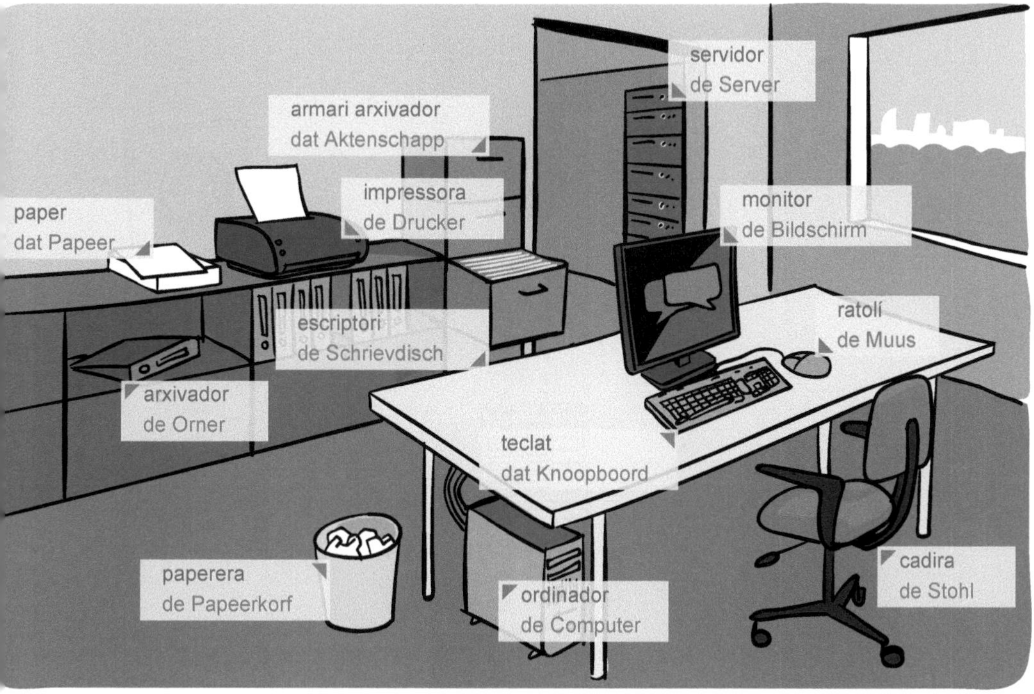

servidor
de Server

armari arxivador
dat Aktenschapp

impressora
de Drucker

monitor
de Bildschirm

paper
dat Papeer

escriptori
de Schrievdisch

ratolí
de Muus

arxivador
de Orner

teclat
dat Knoopboord

paperera
de Papeerkorf

cadira
de Stohl

ordinador
de Computer

tassa de cafè
de Koffiebeker

calculadora
de Taschenreekner

Internet
dat Internet

ordinador portàtil

de Klappreekner

lletra

de Breef

missatge

de Naricht

mòbil

de Ackersnacker

xarxa

dat Nettwark

fotocopiadora

de Kopeerapparat

programari

de Software

telèfon

de Klöönkassen

presa de corrent

de Steekdoos

fax

de Faxapparat

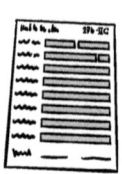

formulari

dat Formulor

document

dat Dokument

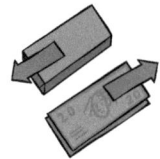

comprar
köpen

pagar
betahlen

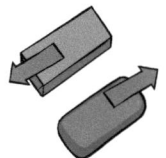

comerciar
hanneln

diners
dat Geld

dòlar
de Dollar

euro
de Euro

ien
de Yen

ruble
de Ruvel

franc suís
de Swiezer Franken

renminbi
de Renminbi Yuan

rupia
de Rupie

caixa automàtica
de Geldautomat

oficina de canvi

de Wesselstuuv

or

dat Gold

argent

dat Sülver

petroli

dat Ööl

energia

de Energie

preu

de Pries

contracte

de Verdrag

impost

de Stüer

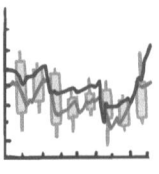

acció

de Andeelschien

treballar

arbeiden

treballador

de Anstellte

empresari

de Arbeitgever

fàbrica

de Fabrik

botiga

de Hökerie

oficial de policia
de Wachtmeester

bomber
de Füerwehrmann

cuiner
de Kock

doctora
de Dokter

pilot
de Fleger

jardiner

de Goorner

fuster

de Discher

costurera

de Neihersche

jutge

de Richter

química

de Chemiker

actor

de Schauspeler

conductor d'autobús

de Busfohrer

taxista

de Taxifohrer

pescador

de Fischer

dona de la neteja

de Reinmaakfru

ensostrador

de Dackdecker

cambrer

de Kellner

caçador

de Jäger

pintor

de Maler

forner

de Bäcker

electricista

de Elektriker

obrer de la construcció

de Buarbeider

enginyer

de Ingenieur

carnisser

de Slachter

llanterner

de Klempner

correu

de Postbüdel

soldat

de Suldat

arquitecte

de Architekt

caixera

de Kasserer

florista

de Florist

perruquer

de Putzbüdel

revisor

de Schaffner

mecànic

de Mechaniker

capità

de Kaptein

dentista

de Tähndokter

científic

de Wetenschopler

rabí

de Rabbi

imam

de Imam

monjo

de Mönk

capellà

de Paap

eines
dat Warktüüch

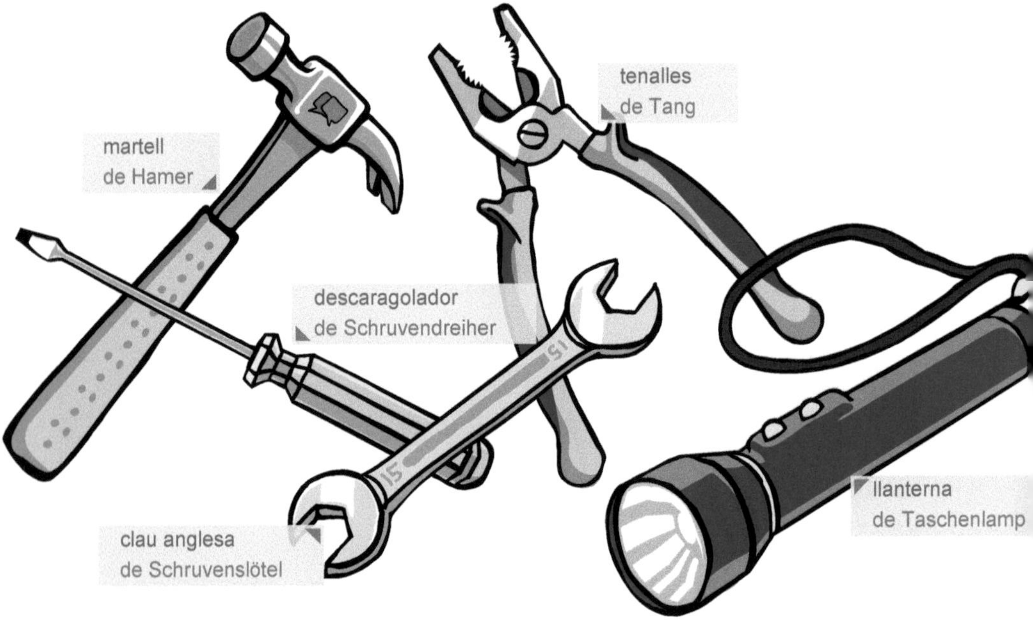
martell
de Hamer
tenalles
de Tang
descaragolador
de Schruvendreiher
llanterna
de Taschenlamp
clau anglesa
de Schruvenslötel

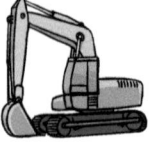

excavadora

de Grieper

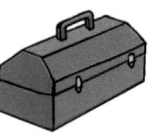

caixa d'eines

de Warktüüchkassen

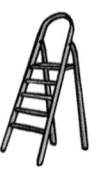

escala

de Ledder

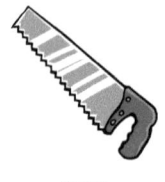

serra

de Saag

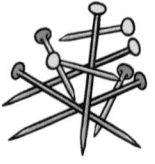

claus

de Nagels

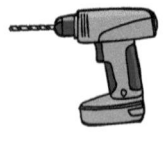

trepant

de Bohrer

reparar

heelmaken

pala

de Schüffel

Maleït siga!

Schiet!

pala

dat Kehrblick

pot de pintura

de Farvpott

caragols

de Schruven

instrument de música
de Musikinstrumenten

altaveu
de Luutsnacker

bateria
dat Slagtüüch

contrabaix
de Bass-Vigelien

trompeta
de Trumpeet

guitarra
de Rietfiedel

piano

dat Klaveer

violí

de Vigelien

baix

de Bass

timbal

de Pauk

tambor

de Trummeln

teclat

dat Keyboard

saxofon

dat Saxophon

flauta

de Fleut

micròfon

dat Mikrofoon

de Deertenpark

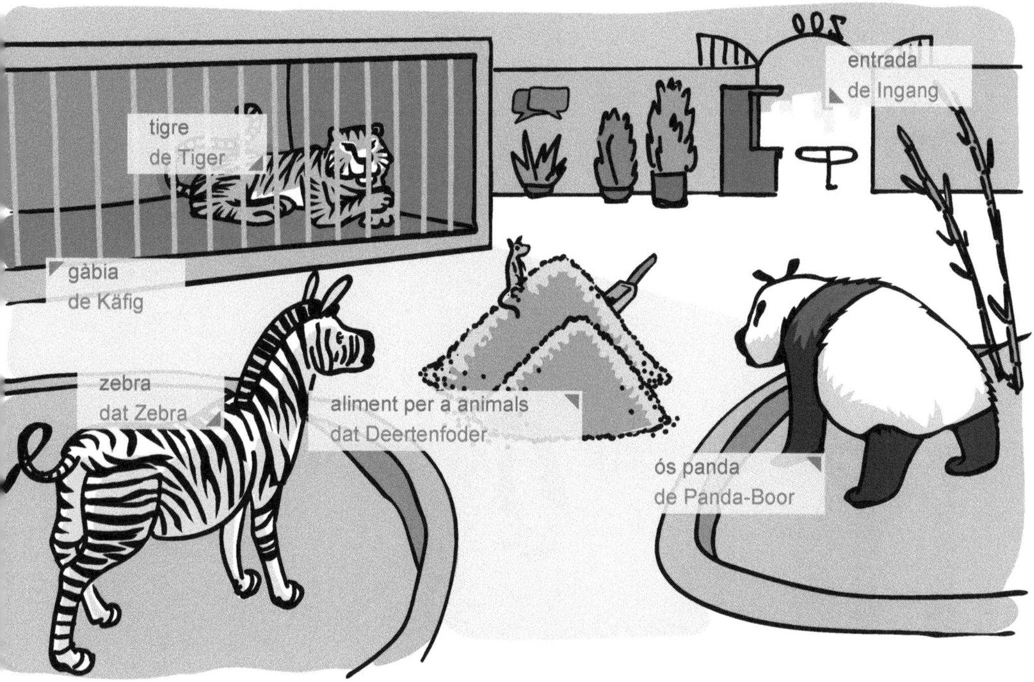

zoo
entrada
de Ingang
tigre
de Tiger
gàbia
de Käfig
zebra
dat Zebra
aliment per a animals
dat Deertenfoder
ós panda
de Panda-Boor

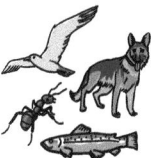

animals

de Deerten

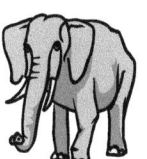

elefant

de Elefant

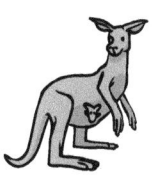

cangurú

dat Känguru

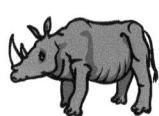

rinoceront

dat Neeshoorn

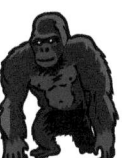

goril·la

de Gorilla

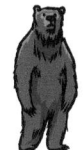

ós

de Boor

camell

dat Kameel

estruç

de Struuß

lleó

de Lööv

simi

de Aap

flamenc

de Flamingo

papagai

de Papagoi

ós polar

de Iesboor

pingüí

de Pinguin

ca mari

de Haifisch

paó

de Pageluun

serp

de Slang

cocodril

dat Krokodil

guardià del zoo

de Oppasser in'n
Deertenpark

foca

de Saalhund

jaguar

de Jaguor

poni

dat Pony

lleopard

de Leopard

hipopòtam

dat Nilpeerd

girafa

de Giraff

àliga

de Aadler

senglar

dat Wildswien

peix

de Fisch

tortuga

de Schildkrööt

morsa

dat Walross

guineu

de Voss

gasela

de Gazell

futbol americà
de Amerikaansch Football

ciclisme
dat Radfohren

tenis
dat Tennis

bàsquet
de Korfball

natació
dat Swümmen

boxa
dat Boxen

hoquei sobre gel
dat Ieshockey

futbol americà
de Football

bàdminton
dat Fedderball

atletisme
de Leichtathletik

handbol
de Handball

esquí
dat Skilopen

polo
dat Polo

saltar
springen

riure
lachen

abraçar
ümarmen

anar
gahn

cantar
singen

pregar
beden

somiar
drömen

fer un petó
snuteln

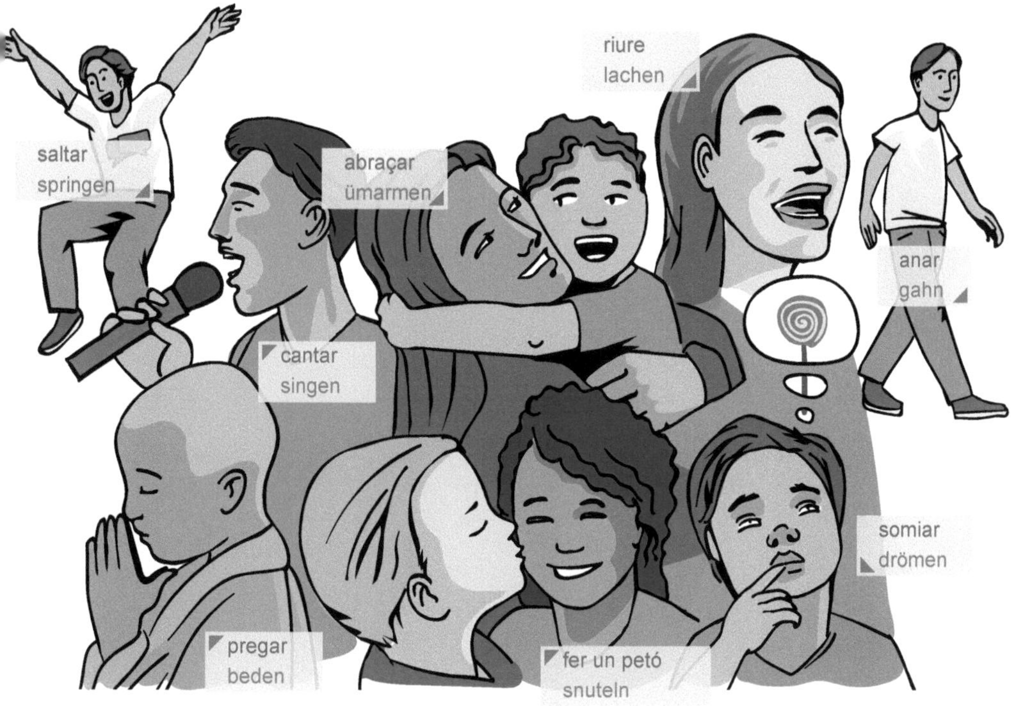

escriure
schrieven

dibuixar
teken

mostrar
wiesen

pitjar
drücken

donar
geven

prendre
nehmen

tenir

hebben

fer

doon

ésser

sien

estar dret

stahn

córrer

lopen

estirar

trecken

llançar

smieten

caure

fallen

jeure

liggen

esperar

töven

portar

dregen

asseure's

sitten

vestir-se

antrecken

dormir

slapen

despertar-se

opwaken

mirar

ankieken

plorar

wenen

amoixar

eien

pentinar

kämmen

parlar

snacken

comprendre

verstahn

demanar

fragen

escoltar

hören

beure

drinken

menjar

eten

endreçar

oprümen

estimar

leefhebben

cuinar

kaken

conduir

fohren

volar

flegen

navegar

segeln

calcular

reken

llegir

lesen

aprendre

lehren

treballar

arbeiden

casar-se

de Plünnen tohoopsmieten

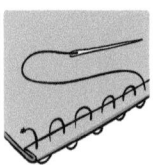

cosir

neihen

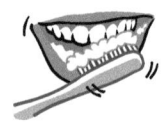

raspallar-se les dents

Tähnen putzen

matar

dootmaken

fumar

smöken

enviar

schicken

família
de Familje

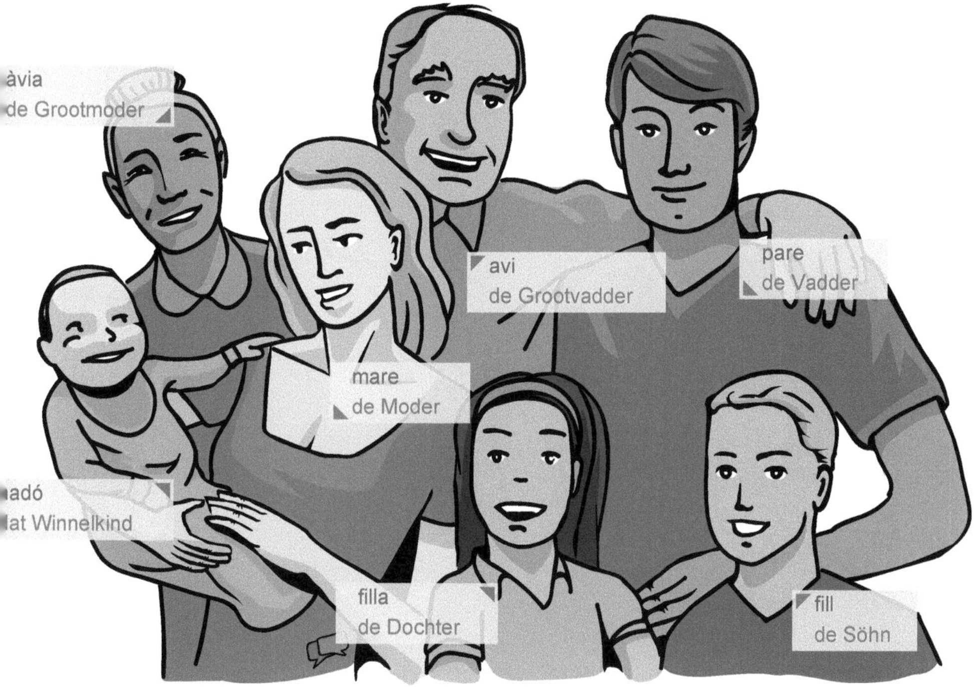

àvia
de Grootmoder
avi
de Grootvadder
pare
de Vadder
mare
de Moder
ıadó
ıat Winnelkind
filla
de Dochter
fill
de Söhn

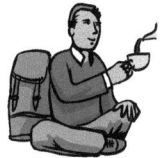

convidat
de Gast

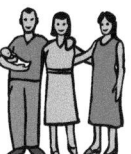

tia
de Tant

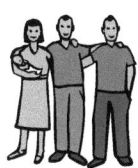

oncle
de Unkel

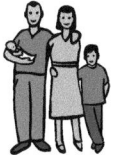

germà
de Broder

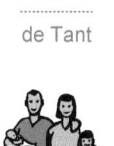

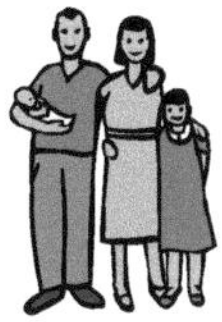
germana
de Süster

cos

de Lief

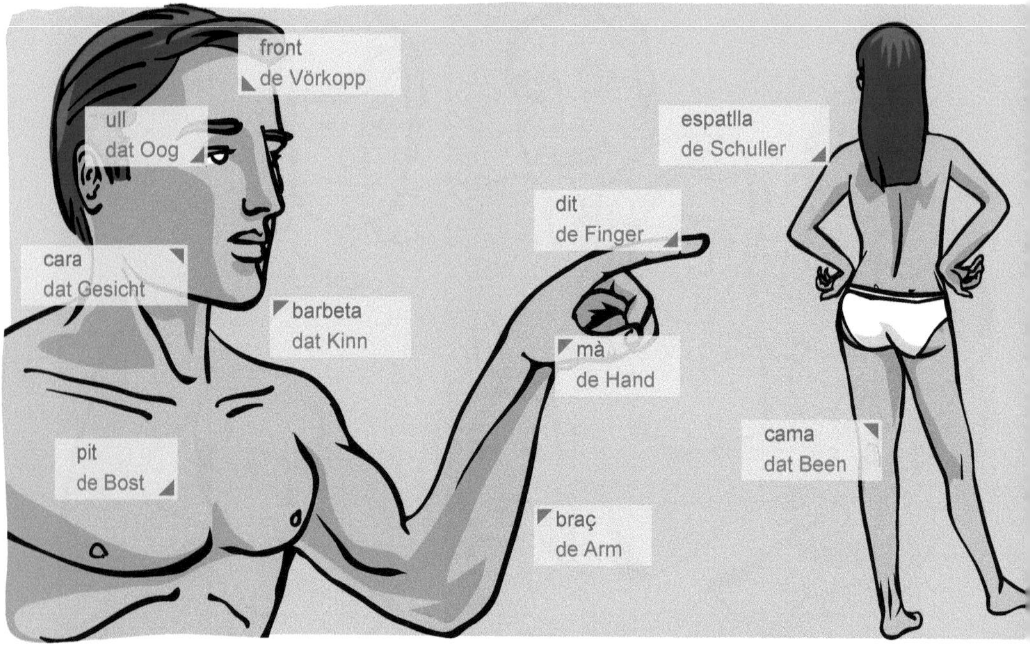
front
de Vörkopp
ull
dat Oog
espatlla
de Schuller
dit
de Finger
cara
dat Gesicht
barbeta
dat Kinn
mà
de Hand
cama
dat Been
pit
de Bost
braç
de Arm

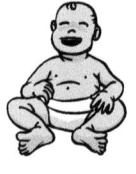

nadó
dat Winnelkind

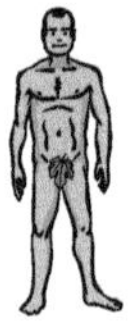

home
de Mann

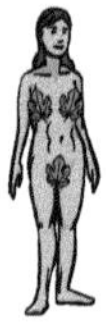

dona
de Fro

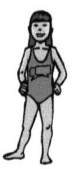

noia
de Deern

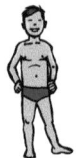

noi
de Jung

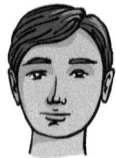

cap
de Arm

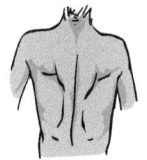

esquena

de Rüch

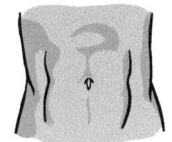

panxa

de Buuk

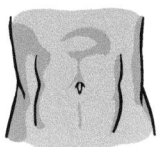

melic

de Navel

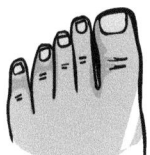

dit gros del peu

de Teh

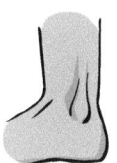

taló

de Hack

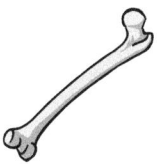

os

de Knaken

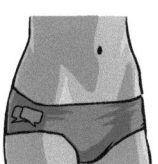

maluc

de Hüft

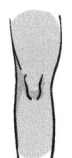

genoll

dat Knee

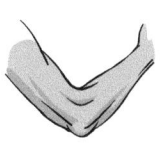

colze

de Ellbagen

nas

de Nees

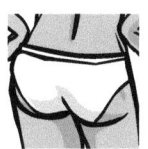

cul

de Achtersen

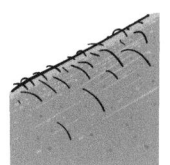

pell

de Huut

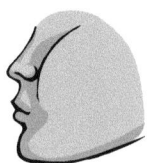

galta

de Back

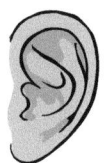

orella

dat Ohr

llavi

de Lipp

boca

de Mund

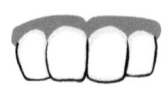

dent

de Tähn

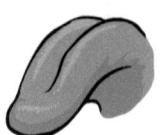

llengua

de Tung

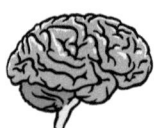

cervell

de Bregen

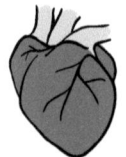

cor

dat Hart

múscul

de Muskel

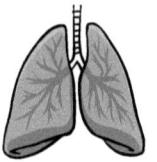

pulmó

de Lung

fetge

de Lever

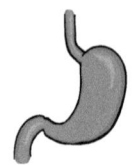

estómac

de Maag

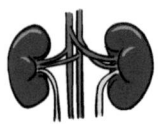

ronyó

de Neren

relació sexual

de Bislaap

preservatiu

dat Kondoom

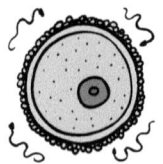

ovari

de Eizell

semen

dat Sperma

prenyat

de Anner Ümstänn

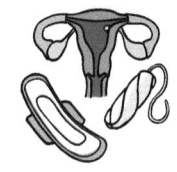

menstruació

de Menstruatschoon

vagina

de Scheed

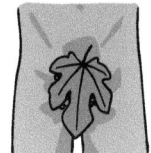

penis

de Pint

cella

de Ogenbroe

cabells

dat Hoor

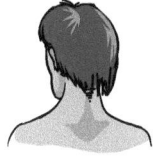

coll

de Hals

hospital
dat Krankenhuus

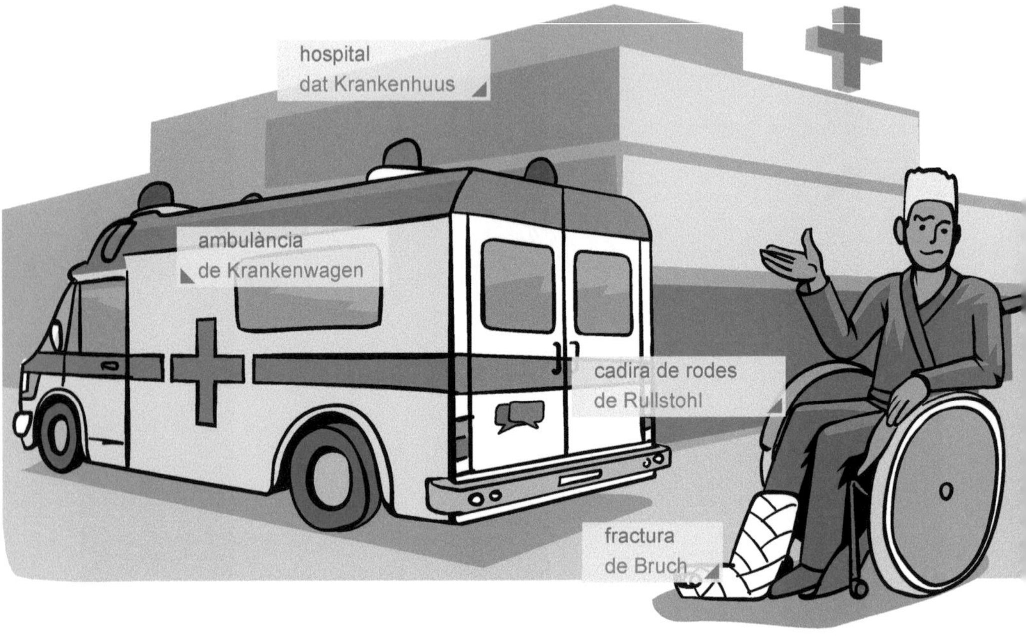

hospital
dat Krankenhuus
ambulància
de Krankenwagen
cadira de rodes
de Rullstohl
fractura
de Bruch

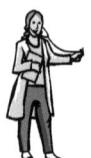

doctora

de Dokter

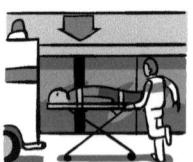

sala d'urgències

de Nootopnahm

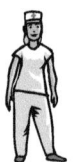

infermera

de Krankensüster

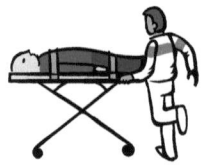

urgència

de Nootfall

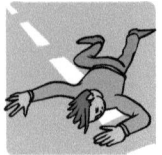

inconscient

ahnmächtig

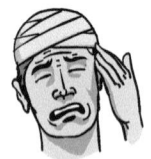

dolor

de Wehdaag

ferida

de Verwunnen

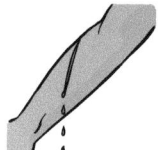

sagnament

de Blöden

atac de cor

de Hartinfarkt

apoplexia

de Slaganfall

al·lèrgia

de Allergie

tos

de Hoosten

febre

dat Fever

gripa

de Gripp

diarrea

de Dörchfall

mal de cap

de Koppwehdaag

càncer

de Kreeft

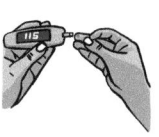

diabetis

de Zuckersüük

cirurgià

de Chirurg

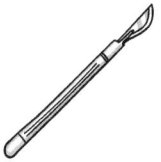

escalpel

dat Chirurgsch Mess

operació

de Operatschoon

tomografia computada (TC), TAC

dat CT

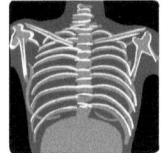

raigs x

de Dörchlüchten

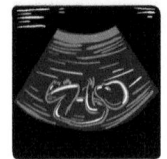

ultrasò

de Ultraschall

mascareta

de Mask

malaltia

de Krankheit

sala d'espera

de Töövruum

crossa

de Krück

tireta

dat Plaaster

embenat

de Verband

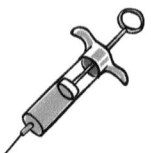

injecció

de Insprütten

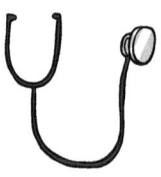

estetoscopi

dat Stethoskop

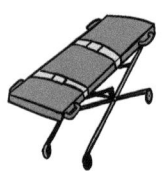

llitera

de Draag

termòmetre clínic

dat Feverthermometer

pariment

de Geboort

sobrepès

dat Övergewicht

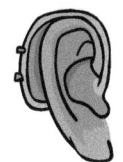

aparell auditiu

de Hörapparat

desinfectant

dat Kiemfriemiddel

infecció

de Ansteken

virus

de Virus

VIH / SIDA

dat HIV / AIDS

medicina

dat Heelmiddel

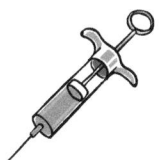

vaccí

de Impen

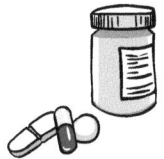

comprimits

de Tabletten

píl·lola

de Pill

trucada d'urgència

de Nootroop

tensiòmetre

de Blootdruck-Meter

malalt / sà

krank / gesund

Socors!

Hölp!

alarma

de Alarm

assalt

de Överfall

atac

de Angreep

perill

de Gefohr

sortida-eixida d'urgència

de Noototgang

Foc!

dat Füer!

extintor

de Füerlöscher

accident

de Unfall

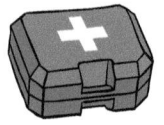

farmaciola de primers auxilis

de Noothölpkoffer

SOS

SOS

policia

de Polizei

Europa

Europa

Amèrica del Nord

Noordamerika

Amèrica del Sud

Süüdamerika

Àfrica

Afrika

Àsia

Asien

Austràlia

Australien

Atlàntic

de Atlantik

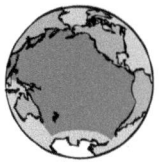

Pacífic

de Pazifik

Oceà Índic

dat Indisch Weltmeer

Oceà Antàrtic

dat Antarktisch Weltmeer

Oceà Àrtic

dat Arktisch Weltmeer

pol nord

de Noordpol

pol sud
de Süüdpol

Antàrtida
de Antarktis

terra
de Eerd

país
dat Land

mar
de See

illa
dat Eiland

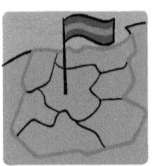

nació
de Natschoon

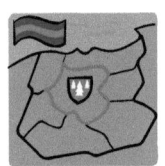

estat
de Staat

quadrant

dat Tallenblatt

agulla de les hores

de Stunnenwieser

agulla dels minuts

de Minutenwieser

agulla dels segons

de Sekunnenwieser

Quina hora és?

Wo laat is dat?

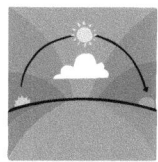

dia

de Dag

temps

de Tiet

ara

nu

rellotge digital

de digetaalsch Klock

minut

de Minuut

hora

de Stunn

setmana
de Week

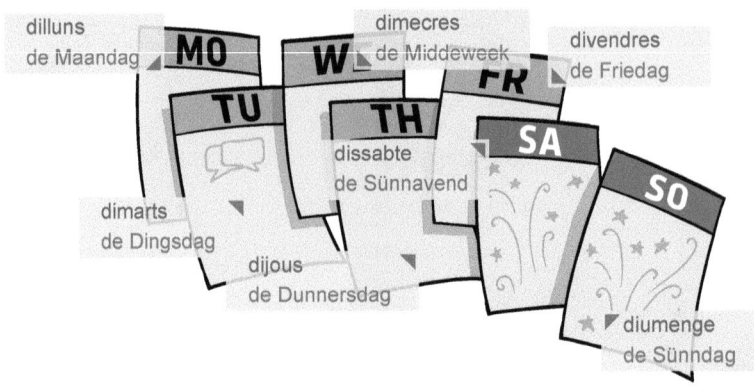

dilluns
de Maandag

dimecres
de Middeweek

divendres
de Friedag

dimarts
de Dingsdag

dijous
de Dunnersdag

dissabte
de Sünnavend

diumenge
de Sünndag

ahir

güstern

avui

hüüt

demà

morgen

matí

de Morgen

migdia

de Meddag

tarda

de Avend

dia feiner

de Arbeitsdaag

cap de setmana

dat Wekenenn

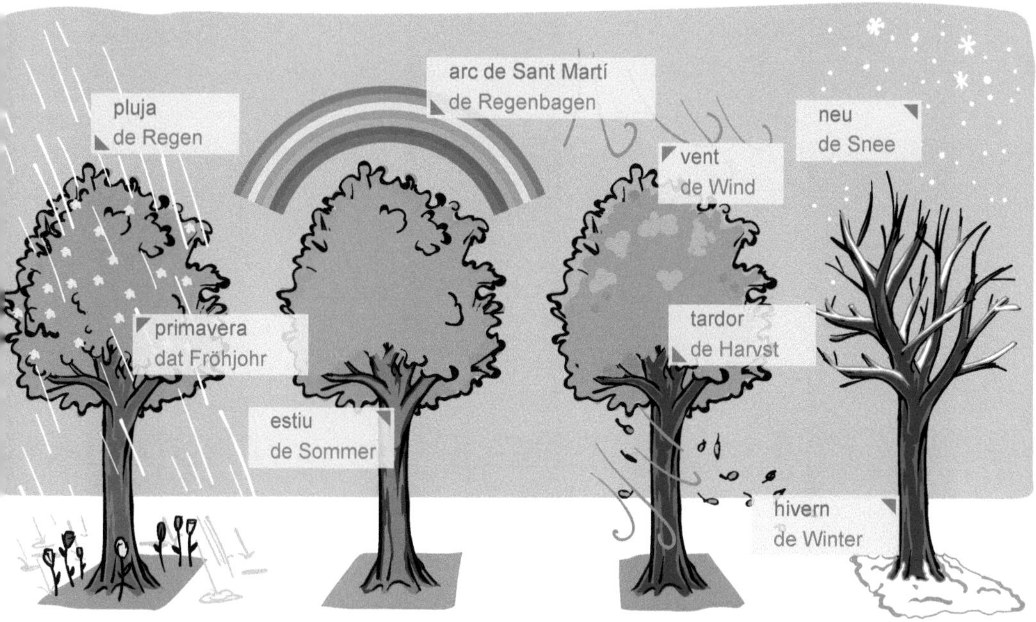

pluja
de Regen
arc de Sant Martí
de Regenbagen
neu
de Snee
vent
de Wind
primavera
dat Fröhjohr
tardor
de Harvst
estiu
de Sommer
hivern
de Winter

4.APRIL 11°
5.APRIL 4°
6.APRIL 13°
7.APRIL 8°
8.APRIL 10°

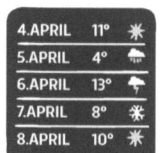

pronòstic del temps

de Wedervörhersaag

F C
120 40
90 30
60 20
30 10
0 0
-30 -10
-20

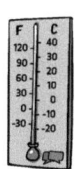

termòmetre

dat Thermometer

llum del sol

de Sünnenschien

núvol

de Wulk

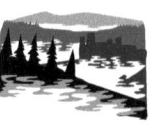

boira

de Nevel

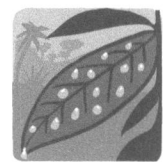

humiditat de l'aire

de Luftfuchtigkeit

llamp
....
de Blitz

tro
....
de Dunner

tempesta
....
de Storm

calamarsa
....
de Hagel

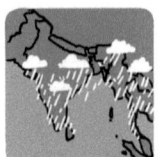

monsó
....
de Monsun

inundació
....
de Floot

gel
....
dat Ies

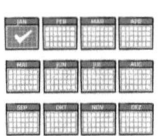

gener
....
de Januormaand

febrer
....
de Februormaand

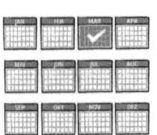

març
....
de Martmaand

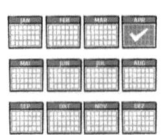

abril
....
de Aprilmaand

maig
....
de Maimaand

juny
....
de Junimaand

juliol
....
de Julimaand

agost
....
de Augustmaand

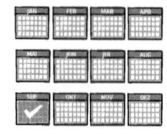

setembre

de Septembermaand

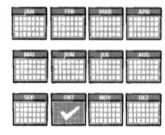

octubre

de Oktobermaand

novembre

de Novembermaand

desembre

de Dezembermaand

formes

de Formen

cercle

de Krink

quadrat

dat Quadrat

rectangle

dat Rechteck

triangle

dat Dreeeck

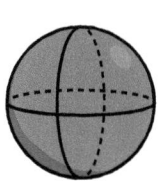

esfera

de Kugel

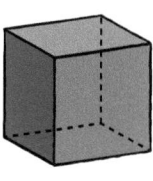

cub

de Wörpel

blanc

witt

groc

geel

taronja

orangsch

rosa

pink

vermell

root

lila

lila

blau

blau

verd

gröön

marró

bruun

gris

gries

negre

swart

molt / poc

veel / wenig

emprenyat / tranquil

böös / verdreeglich

bonic / lleig

smuck / mies

començament / fi

de Begünn / dat Enn

gran / petit

groot / lütt

clar / fosc

hell / düüster

germà / germana

de Broder / de Süster

net / brut

schier / schietig

complet / incomplet

kumpleet / nich kumpleet

dia / nit

de Dag / de Nacht

mort / viu

doot / lebennig

ample / estret

breet / small

comestible / immenjable

geneetbor / nich geneetbor

dolent / amable

böös / fründlich

entusiasmat / entediat

fickerig / langwielt

gros / prim

dick / dünn

primer / darrer

toeerst / toletzt

amic / enemic

de Fründ / de Fiend

ple / buit

vull / leddig

dur / tou

hart / week

pesant / lleuger

swoor / licht

gana / set

de Smacht / de Döst

malalt / sà

krank / gesund

il·legal / legal

nich na't Recht / na't Recht

intel·ligent / ximple

klook / dummerhaftig

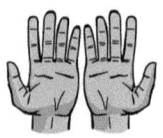

esquerra / dreta

linkerhand / rechterhand

prop / llunyà

neeg / feern

nou / usat

nieg / bruukt

res / quelcom

nix / wat

vell / jove

oolt / jung

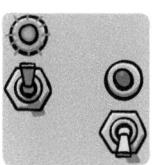

encès / apagat

an / ut

obert / tancat

apen / slaten

silenciós / sorollós

lies / luut

ric / pobre

riek / arm

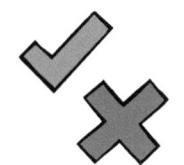

correcte / incorrecte

richtig / verkehrt

aspre / suau

ruug / glatt

trist / content

trurig / glücklich

curt / llarg

kort / lang

lent / ràpid

suutje / flink

humit / sec - eixut

natt / dröög

calent / fred

warm / köhl

guerra / pau

de Krieg / de Freden

0

zero
null

1

u
een

2

dos
twee

3

tres
dree

4

quatre
veer

5

cinc
fief

6

sis
söss

7

set
söven

8

vuit
acht

9

nou
negen

10

deu
teihn

11

onze
ölven

12

dotze

twölf

13

tretze

dörteihn

14

catorze

veerteihn

15

quinze

föffteihn

16

setze

sössteihn

17

disset

söventeihn

18

divuit

achtteihn

19

dinou

negenteihn

20

vint

twintig

100

cent

hunnert

1.000

mil

dusend

1.000.000

milió

million

anglès

dat Engelsch

anglès americà

dat Amerikaansch Engelsch

xinès mandarí

dat Chineesch Mandarin

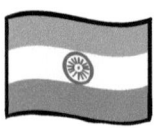

hindi

dat Hindi

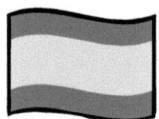

espanyol

dat Spaansch

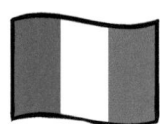

francès

dat Franzöösch

àrab

dat Araabsch

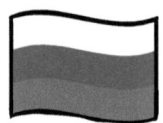

rus

dat Rusch

portuguès

dat Portugiesch

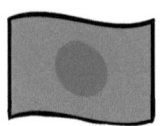

bengalí

dat Bengaalsch

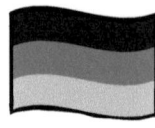

alemany

dat Düütsch

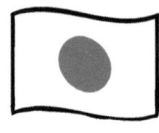

japonès

dat Japaansch

jo

ik

tu

du

ell / ella / allò

he / se / dat

nosaltres

wi

vosaltres

ji

ells

se

qui?

keen?

què?

wat?

com?

woans?

on?

woneem?

quan?

wannehr?

nom

de Naam

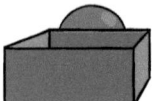

darrere

achter

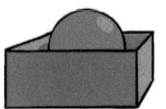

en

in

davant de

vör

damunt

över

sobre

op

sota

ünner

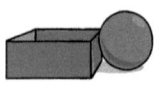

al costat

blangen

entre

twüschen

lloc

de Oort